I0821196

Alemania

Julie Murray

Abdo Kids Jumbo es una subdivisión de Abdo Kids
abdobooks.com

abdobooks.com

Published by Abdo Kids, a division of ABDO, P.O. Box 398166, Minneapolis, Minnesota 55439.

Abdo Kids Jumbo™ is a trademark and logo of Abdo Kids.

Printed in China

052025

092025

THIS BOOK CONTAINS RECYCLED MATERIALS

Spanish Translator: Maria Puchol

Photo Credits: Getty Images, Shutterstock

Production Contributors: Teddy Borth, Jennie Forsberg, Grace Hansen
Design Contributors: Laura Graphenteen, Candice Keimig

Library of Congress Control Number: 2024949836

Publisher's Cataloging-in-Publication Data

Names: Murray, Julie, author.

Title: Alemania/ by Julie Murray;

Other title: Germany. Spanish

Description: Minneapolis, Minnesota: Abdo Kids, 2026. | Series: Países | Includes online resources and index

Identifiers: ISBN 9798384906568 (lib.bdg.) | ISBN 9798384907121 (ebook)

Subjects: LCSH: Germany--Juvenile literature. | Europe--Juvenile literature. | Germany--History—Juvenile literature. | Germany--Social life and customs--Juvenile literature. | Geography--Juvenile literature. | Spanish language materials--Juvenile literature.

Classification: DDC 943--dc23

Contenido

Alemania

Alemania está en el centro de Europa. Es el segundo país más poblado de Europa. Allí viven más de 83 millones de personas.

5

Con Alemania limitan nueve países. Al norte limita con el mar Báltico y el mar del Norte.

N
O
E
S
Dinamarca
mar Báltico
mar del
Norte
Holanda
Polonia
Alemania
Bélgica
Croacia
Luxemburgo
Austria
Francia
Suiza

En Alemania hay costas, valles y montañas. Al sur están los Alpes bávaros. El punto más alto es el *Zugspitze*, que se eleva a 9718 pies de altura (2962 m).

Alemania
Alpes
Bávaros
Zugspitze

Historia

Alemania se vio muy afectada por la Primera Guerra Mundial (1914-1918) y la Segunda Guerra Mundial (1939-1945). Muchos alemanes se quedaron sin hogar debido a la **destrucción** provocada por la guerra.

Munich, Alemania 1945
Alemania
Munich

Alemania quedó dividida después de la Segunda Guerra Mundial. Se construyó el Muro de Berlín para separar el este del oeste de la ciudad. La caída del Muro fue en 1989, por lo que en 1990 el país pudo reunificarse de nuevo.

"PEACE
ON
EARTH!!

Ciudades importantes

La capital es Berlín, es la ciudad más grande del país. Es el centro de negocios y entretenimiento. Ríos y canales recorren la ciudad.

Berlín
Alemania

Hamburgo es la segunda ciudad más grande del país. Es conocida por sus museos, sus encantadores vecindarios y sus preciosos edificios. Es además el **puerto** más grande de la nación.

Hamburgo
Alemania

Comida

La comida alemana es **sustanciosa**. A menudo consiste en pan, carne y patatas. Un plato tradicional es la salchicha alemana con ***sauerkraut***.

Festivales

Los festivales alemanes son bien conocidos. *Octoberfest* es el festival más grande y famoso del país. Tiene lugar en Munich, donde millones de personas se juntan cada año para su celebración.

Lugares emblemáticos

Selva Negra
Baden-Württemberg, Alemania

Puerta de Brandenburgo
Berlín, Alemania

catedral de Colonia
Colonia, Alemania

castillo de Neuschwanstein
Schwangau, Alemania

Glosario

destrucción – estar completamente destrozado o arruinado.

puerto – lugar cerca de la ciudad o pueblo donde los barcos cargan y descargan.

sauerkraut – col rallada, salada y fermentada en su propio jugo.

sustancioso – que llena mucho, abundante, grande.

Índice

¡Visita nuestra página **abdokids.com** para tener acceso a juegos, manualidades, videos y mucho más!

Los recursos de internet están en inglés.

Usa este código Abdo Kids

CGK0689

¡o escanea este código QR!